U0660649

献给弗林

山东省著作权合同登记号　图字：15-2023-89号

PLAY

Copyright © 2017 Jez Alborough
Published by arrangement with Walker Books Limited, London SE11 5HJ
Simplified Chinese translation © 2018 by Tomorrow Publishing House
in conjunction with Hsinex International Corp.
All rights reserved.
No part of this book may be reproduced, transmitted, broadcast or stored in an information
retrieval system in any form or by any means, graphic, electronic or mechanical, including
photocopying, taping and recording, without prior written permission from the publisher.
本简体字版 © 2018 由（台北）上谊文化实业股份有限公司授权出版发行

图书在版编目(CIP)数据

一起玩／[英]杰兹·阿波罗文图；信谊编辑部译
.—济南：明天出版社，2018.2（2023.6重印）
(信谊宝宝起步走)
ISBN 978-7-5332-8852-5

I. ①一… II. ①杰…②信… III. ①阅读课—学前教育—教学参考资料 IV. ①G613.2

中国版本图书馆CIP数据核字 (2018) 第011937号

YIQI WAN
一起玩

文·图／[英]杰兹·阿波罗　译／信谊编辑部
艺术总监／张杏如　责任编辑／凌艳明　美术编辑／李宝华
特约编辑／廖瑞文 刘维中 高勤芳　特约美编／工素莉 汤静惠
出版人／李文波　出版发行／山东出版传媒股份有限公司 明天出版社
地址／山东省济南市市中区万寿路19号　www.tomorrowpub.com　www.sdpress.com.cn
特约经销商／上海上谊贸易有限公司
地址／上海市静安区南京西路1266号恒隆广场二期3906单元
电话／86-21-62250452　网址／www.xinyituhuashu.com
经销／新华书店　印刷／雅高印刷（东莞）有限公司
开本／270毫米×235毫米　12开　印张／3.5
版次／2018年2月第1版　印次／2023年6月第5次印刷
ISBN 978-7-5332-8852-5　定价／45.80元
版权所有 侵权必究

一起玩

文·图／[英]杰兹·阿波罗

译／信谊编辑部

明天出版社·济南

还想玩。

宝宝！

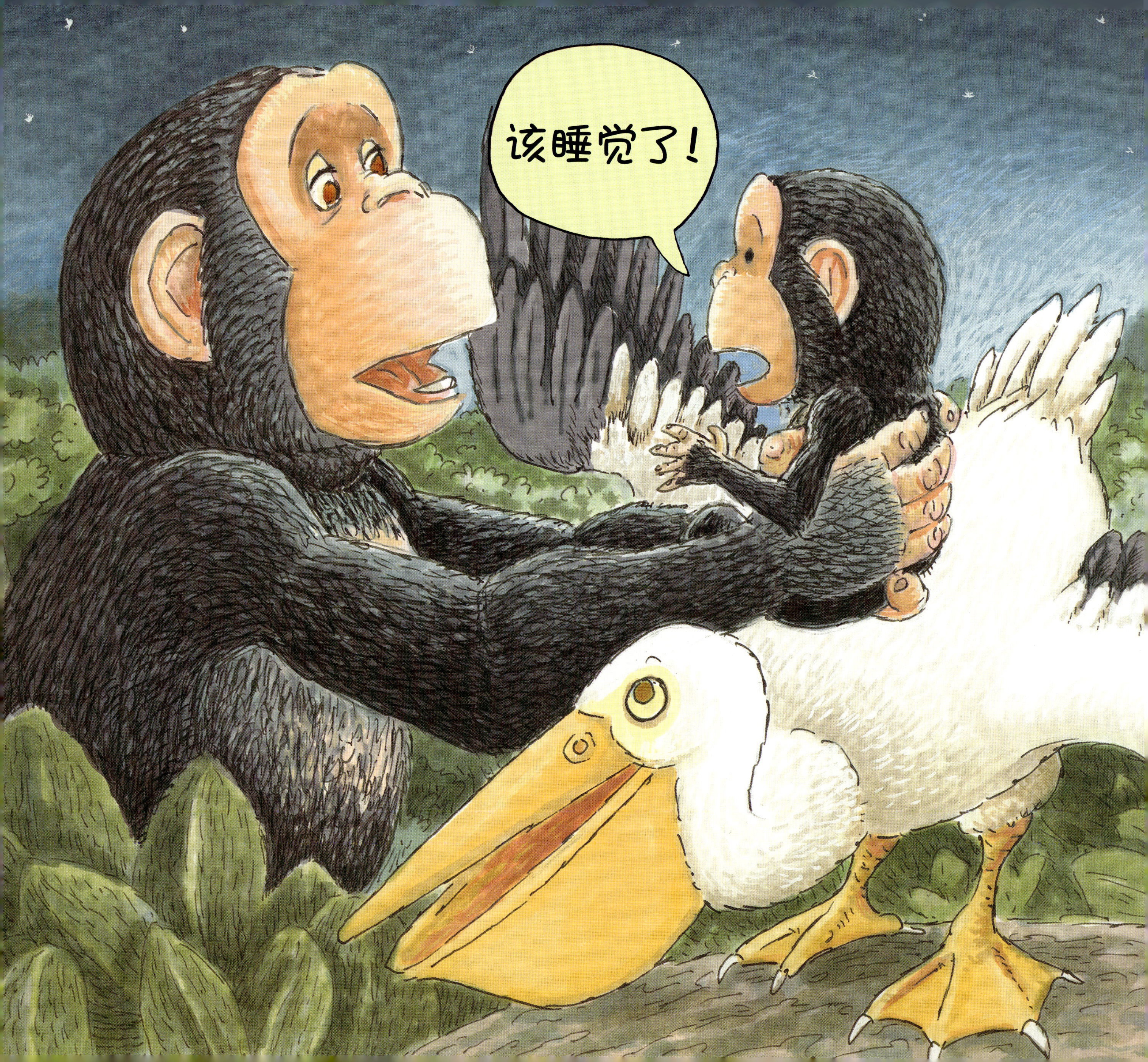
该睡觉了！

妈妈！